Mozart for Guitar

32 Transkriptionen für Gitarre
32 Transcriptions for Guitar
32 Transcriptions pour Guitare

von / by / par
Martin Hegel

ED 21856
ISMN 979-0-001-19796-0

www.schott-music.com

Mainz · London · Berlin · Madrid · New York · Paris · Prague · Tokyo · Toronto
© 2014 SCHOTT MUSIC GmbH & Co. KG, Mainz · Printed in Germany

Vorwort

Zu den Vorzügen der Musik Mozarts gehört, dass sie universal und zu einem gewissen Teil unabhängig vom jeweiligen Instrument ist, für das sie komponiert wurde. Dank des melodischen Erfindungsreichtums sowie der formalen Prägnanz des Komponisten entstand eine Musik wie aus einem Guss, die auf jedem Instrument einfach gut klingt.

Die vorliegenden Kompositionen von Wolfgang Amadeus Mozart gehören mit Sicherheit zu seinen bekanntesten und erfreuen sich großer Popularität. Daher werden es sicher auch die Gitarristen zu schätzen wissen, dass sie diese großartige Musik auf ihrem Instrument spielen können.

Die vorliegende Sammlung enthält Werke, die original für die unterschiedlichsten Instrumente und Besetzungen komponiert wurden (Orchestermusik, Klaviermusik, Chormusik, Gesang u.a), sich aber sehr gut auf der Gitarre realisieren lassen und eine Bereicherung für das Unterrichts- und Konzertrepertoire sind.

Die Musik Mozarts – sowie die homophone Musik der Klassik generell – lässt sich besonders gut für die Gitarre einrichten, wobei der Grundgedanke der melodischen und harmonischen Idee immer beibehalten werden sollte.

Die entstandenen Arrangements bleiben immer leichtfüßig und überfordern die Gitarre nicht zugunsten eines Gerade-noch-Machbaren. Das Ziel der Adaption war stets ein vollwertiges Gitarrenstück. In den meisten Fällen musste der kompositorische Satz etwas reduziert werden, wobei darauf geachtet wurde, die musikalische Intention bzw. den Gestus der Stücke zu erhalten.

Die enthaltenen Transkriptionen prominenter Vertreter des frühen 19. Jahrhunderts (Carulli, Diabelli, Giuliani, Mertz, Sor) sind eine besondere Bereicherung für diese Sammlung, an denen sich gut erkennen lässt, wie die Stücke durch Zeitgenossen der Gitarre zu eigen gemacht wurden.

Martin Hegel

Preface

Among the merits of Mozart's music is a universal quality that makes it to some extent independent of the instruments for which it was composed. Mozart's music is seamless and sounds good on any instrument, thanks to his genius for melodic invention and concision of form.

These very popular compositions by Wolfgang Amadeus Mozart are surely among his best-known pieces, so guitarists will appreciate being able to play these wonderful pieces on their own instrument.

This collection includes works originally composed for all sorts of instruments and ensembles, including orchestral music, piano pieces, choral music and songs. These pieces can be played very effectively on the guitar, though, and offer a welcome addition to the repertoire for tuition purposes and concert performances.

Mozart's music – in common with much homophonic music of the Classical era – lends itself particularly well to careful adaptation for the guitar, while retaining an essential focus on melodic and harmonic characteristics.

These arrangements have a lightness of touch avoiding excessive demands that might stretch guitarists to the limit of their abilities. The focus is on producing effective and well-written guitar pieces: in most cases this has required some degree of simplification, though with care to retain the musical line and intent of these compositions.

Transcriptions by prominent early 19th-century musicians (Carulli, Diabelli, Giuliani, Mertz, Sor) are a particularly welcome feature of this collection, demonstrating the manner in which these pieces were adapted for guitar in their day.

Martin Hegel
Translation Julia Rushworth

Inhalt / Contents

Wiegenlied / Lullaby
KV 350

Wolfgang Amadeus Mozart
Arr.: Martin Hegel

Adagio

Wolfgang Amadeus Mozart
Arr.: Martin Hegel

aus: Klarinettenkonzert, 2. Satz / from: Clarinet Concerto, 2nd movement, KV 622

56 183

Andante grazioso

Wolfgang Amadeus Mozart
Arr.: Martin Hegel

1. Satz (Thema) aus Sonate Nr. 11 / 1st movement (Theme) from Sonata No. 11, KV 331

Deutscher Tanz No. 3

Wolfgang Amadeus Mozart
Arr.: Martin Hegel

Trio

Die Schlittenfahrt

Fine

D.C. al Fine

aus / from: Drei Deutsche Tänze / Three German Dances, KV 605

56 183

Das Veilchen

KV 476

Wolfgang Amadeus Mozart
Arr.: Martin Hegel

6 Stücke aus dem
Notenbuch für Nannerl

I. Menuett
KV 1e

Wolfgang Amadeus Mozart
Arr.: Martin Hegel

II. Menuett (Trio)
KV 1f

III. Menuett
KV 2

IV. Allegro
KV 3

V. Menuett
KV 4

⑥ =D

VI. Menuett
KV 5

Voi che sapete

Wolfgang Amadeus Mozart
Arr.: Martin Hegel

aus / from: „Le nozze di figaro", KV 429

Ave verum corpus
KV 618

Wolfgang Amadeus Mozart
Arr.: Martin Hegel

Adagio

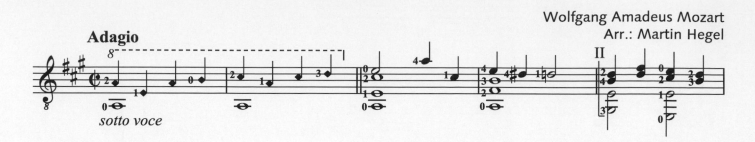

sotto voce

Andante

Wolfgang Amadeus Mozart
Arr.: Martin Hegel

aus: Klavierkonzert Nr. 21, 2. Satz / from: Piano Concerto No. 21, 2nd movement, KV 467

Allegro molto

Wolfgang Amadeus Mozart
Arr.: Martin Hegel

aus: Sinfonie Nr. 40, 1. Satz / from: Symphony No. 40, 1st movement, KV 550

Thema und 4 Variationen

Wolfgang Amadeus Mozart
Arr.: Martin Hegel

aus / from: 12 Variationen in C / 12 Variations in C major, KV 265

6 Transkriptionen des 19. Jahrhunderts

I. Deh vieni, al finestra
aus / from: „Don Giovanni"

Wolfgang Amadeus Mozart
Arr.: Johann Kaspar Mertz
1806–1856

aus / from: J. K. Mertz, Kukuk - Musikalische Rundschau (No. 76)

56 183

II. Rondo
aus / from: KV 545

Wolfgang Amadeus Mozart
Arr.: Ferdinando Carulli
1770–1841

aus / from: F. Carulli, Choix des Plusieurs Morceaux, op. 235

III. Thema
aus / from: „Die Zauberflöte"

Wolfgang Amadeus Mozart
Arr.: Mauro Giuliani
1781–1829

Andantino mosso

aus / from: M. Giuliani, Deux Thêmes favoris op. 80

IV. Vergiss mein nicht
KV 350

Wolfgang Amadeus Mozart
Arr.: Anton Diabelli
1781–1858

Andante con espressione

aus / from: A. Diabelli, Apollo am Damentoilette (No. 12)

V. La ci darem la mano
aus / from: „Don Giovanni"

Wolfgang Amadeus Mozart
Arr.: Johann Kaspar Mertz
1806–1856

Andante con molta espressione

aus / from: J. K. Mertz, Fantasie über Motive aus der Oper: Don Juan, op. 28

VI. Es klinget so herrlich (Thema)
aus / from: „Die Zauberflöte"

Wolfgang Amadeus Mozart
Arr.: Fernando Sor
1778–1839

Andante moderato

aus / from: F. Sor, Introduction et Variations sur un Thème de Mozart op. 9

Thema

aus / from: „Eine kleine Nachtmusik", KV 525

Wolfgang Amadeus Mozart
Arr.: Martin Hegel

Lacrimosa

Wolfgang Amadeus Mozart
Arr.: Martin Hegel

aus / from: Reqiem, KV 626

56 183

Alla turca

Wolfgang Amadeus Mozart
Arr.: Martin Hegel

aus: Sonate Nr. 11, 3. Satz / from: Sonata No. 11, 3rd movement, KV 331

D.C. al Coda

38

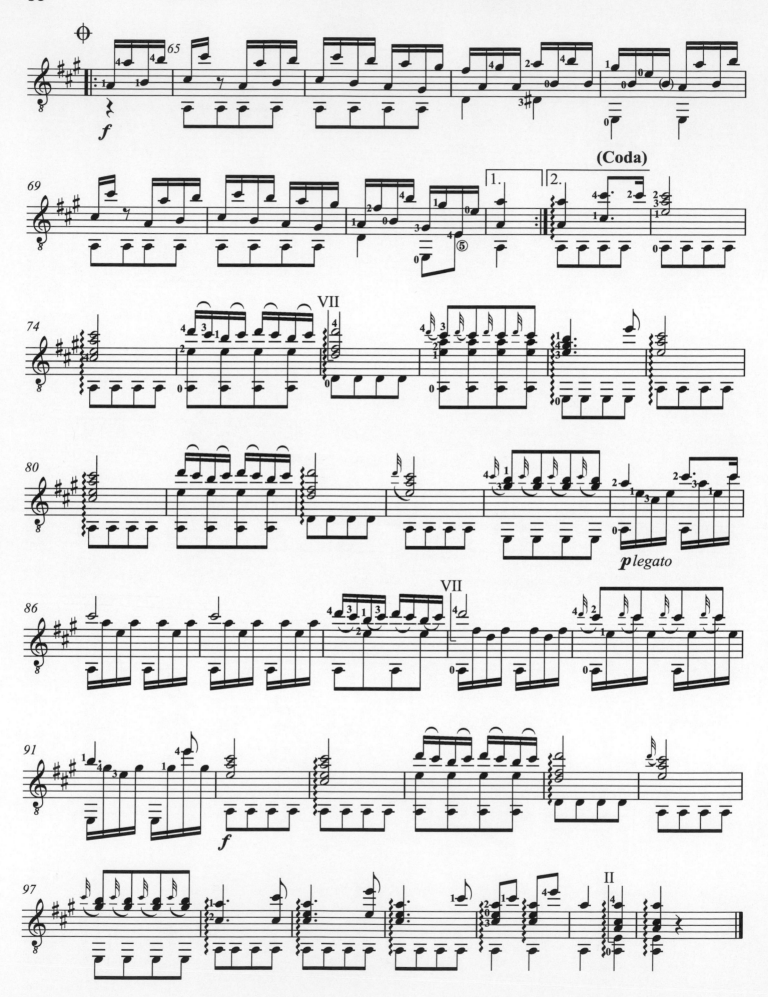

56 183

Allegro

Wolfgang Amadeus Mozart
Arr.: Martin Hegel

aus: Sonate Nr. 15, 1. Satz / from: Sonata No. 15, 1st movement, KV 545

6 Airs choisis de l'opéra de Mozart: Il Flauto magico (op. 19)

I. Marche religieuse

Arr.: Fernando Sor
1778–1839

II. Fuggite o voi beltà fallace

III. Giù fan ritorno i Geny amici

IV. O dolce harmonia

V. Se potesse un suono

VI. Coeur: Grand'Isi grand'Osiri

Schott Music, Mainz 56 183